A plateful of poems with sautéed philosophy

Nimesh Shah

BookLeaf Publishing

India | USA | UK

A plateful of poems with sautéed philosophy
© 2024 Nimesh Shah

All rights reserved.

No part of this publication may be reproduced, stored in a retrieval system, or transmitted, in any form or by any means, electronic, mechanical, photocopying, recording or otherwise, without the prior written permission of the presenters.

Nimesh Shah asserts the moral right to be identified as the author of this work.

Presentation by *BookLeaf Publishing*

Web: www.bookleafpub.com

E-mail: info@bookleafpub.com

ISBN: 9789360942311

First edition 2024

PREFACE

I am deeply thankful to my lovely family, friends and all those lives who touched my heart. They all have been wonderful inspiration for my poetries. All the poems have descended upon me from the divine. I have been in love with rhyming poems and songs since childhood. Every scintillating experience automatically brought these rhymes out on paper. I'm merely a medium.

Honestly speaking, all my words for their praise have gone into the poems. I can't thank each of them enough. They will keep inspiring me and I'll keep writing. I thank BookLeaf Publishing and the team for helping me in realizing this dream. I thank my readers.

Poets are plenty,
Readers are rare.
I must not lose any.
I must take care.

|| Butterfly, my friend ||

A butterfly smoothly fluttered by,
Whispering in my ears, "Why?
Your breath sounds like a sigh.
O' please open your heart and don't lie."

I said, "My friend, dear flying butter,
Having something in heart is hard to utter.

Deep inside is the truth, but the mouth lies.
But Humans don't have a sixth sense like you
guys.

Your species can hear the songs unsung.

While our voices sometimes remain within the
heart and lungs.

You fortunate creatures are freely living.
We humans have to pay a PRICE for everything.
We humans have to pay a "PRICE" for
everything."

|| The chosen one ||

Destinies keep changing,
and so does my travel.
Excitements and agonies,
at everything I marvel.

Being within my boundaries,
I wanted to experience the world.
I flew against the wind,
and my feathers ruffled.

Failed when I in my experiments,
people called me "duck".
I toiled, pursued and achieved,
and people called it "luck".

Let the world be the way it is,
nothing pulls me apart.
I relish in the sun and shades,
I am a child at heart.

I accepted all the things
that life has given.
For all the joys and sorrows,
I am the chosen one.

|| I want to be a poet ||

I want to be a poet,
but I don't know the rhymes.
I pondered for lasting hours,
the ink got dried at times.

I went into the jungle,
in hope of finding themes.
But run back with heart in mouth,
seeing beasts beyond wildest dreams!!

I tried to portray the one,
whom I loved the most.
But only to discover later,
that "Love's Labour Literally Lost"!!

I ventured into the dark night,
to ponder the music that seeps.
But woke up the next morning,
after slipping into a deep sleep.

I have been to the beach,
to get inspired by the ocean.
But tsunamis haunted my mind,
and now I take precaution.

I plagiarized a few odes,
to make way into a contest.
But could escape the poet's rage,
only after a year's protest.

Now it miraculously dawned on me,
That this is not a science of rocket.
By the time one finishes reading this,
I would have become a POET!!

|| Yet To Be Achieved ||

Whoever you are,
I always see you in my dreams.

But I can't recognize you,
a silhouette figure it seems.

Whenever I see you,
My soul feels sky-like high.

But as I wake up losing you,
it releases a deep sigh.

I wonder whether,
you ever dream about me?

I'm too eager to meet you,
Let any long time it be.

Are you my Love or My LORD,
I am still in confusion.

But You certainly are my destiny,
Achieving you is a compulsion.

|| TREAT TO THE EYES ||

When anticipation waits,
but patience denies.

The path that brings you,
fixes my eyes.

And Then you appear,
like a golden sunrise.

The whole world seems,
like a treat to the eyes.

The wind sweeps me off,
and the heart feels butterflies.

Listening to your sweet voice,
my soul touches the skies.

I deliver only truth,
and no more lies.

Living in your vicinity,
is a treat to the eyes.

|| BELIEVE ||

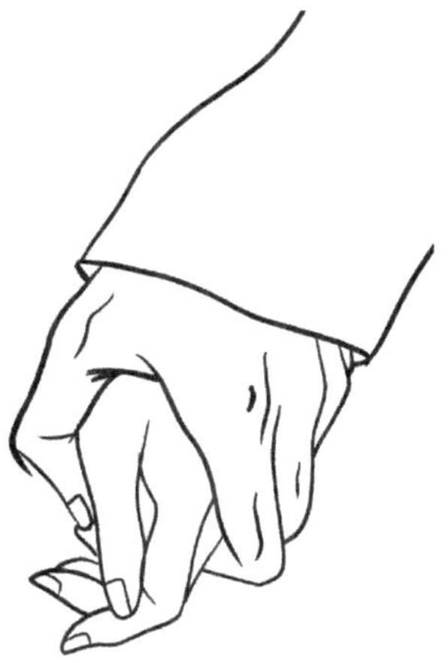

Take a step ahead to walk,
and believe you are coming to me.

Open your mouth to talk,
and believe you are humming to me.

Breathe in the cool breeze,
and believe I am the air.

Turn your sight somewhere to freeze,
and believe I am there.

Savour all the food you can,
I am each piece of your meal.

Close your eyes and sleep,
I am the beats of the heart you feel.

Belief is the strength within you,
I have the strongest will.

You will be mine forever,
and believe it's a done deal.

|| Follow me ||

Sorrows are past.
Prosperous tomorrow is yet to achieve.
Happiness is present.
Now I am learning to live.

Neither hatred, nor anger,
nor any event to grieve.
Smiles shine on my face.
Now I am learning to live.

Success is running behind.
I am success I believe.
Failures are unknown to me,

Now I am learning to live.

Doubts are out.
Brave heart I perceive.
Fears are disappearing.
Now I am learning to live.

Mediocrity is outdated.
Healthy mind is positive.
Peace prevails everywhere.
Now I am learning to live.

Don't hate me, my Love.
I plead with you to forgive.
My heart is full of Love.
Now I am learning to live.

Lord made me the way I am.
I swear, I never deceive.
Bartering is the way of the world,
Love is here for all to give.
WORLD WILL MISS ME LATER.
FOR NOW I AM LEARNING TO LIVE.

|| Mistakes are Pearls ||

Mistake is in the eyes of the world
And not of the honest doer.

Outcome should always be a success
That expectation is poor.

Wiser is the one
Who learns from others' mistakes.

But Genius is the one
Original & new mistakes who makes.

Be Genius!!

|| Whiskey resolves ||

Cocoon is too comfortable,
Abandonment is risky.

Indecision is too confusing,
Enthusiasm is frisky.

Mind is torn between
What to do and what not to.

Answer will be given by
Two pegs of Whiskey.

|| Dragonfly temptation ||

A name scribbled
Reminds me something.

A soft fluttering,
Dragonfly wing.

It might get hurt;
I fear to touch.

But I can't resist—
I'm tempted so much.

|| Dreaming within a Dream ||

One night I was dreaming.
Getting high without drinking.

Preoccupied with colorful thoughts.
I was grazing with four-legged lots.

Amidst wandering, something caught my sight.
A creature was crying with all its might.

It was a dog - the owner of a tamed Man.
It sprang up suddenly, and towards its doctor it
ran.

"My 'pet' has lost its humanity,
doctor, My own man has bitten me."

"He's now after all animal-kind like mad.
He's gone greedy, which makes me utterly sad."

"He has no mercy towards any lives.
Money is the only thing for what he strives."

"Is there a vaccine to bring him to his senses?
When will nature have some safety-fences?"

"Will he leave any tree for us to pee?
Or only concrete and cars we'll see?"

The doctor Parrot turned its neck.
And shouted loudly, "What the heck?"

"You dogs don't care about your pets.
Take your man to a woman who dates."

"Hire a lioness to train your man.
He will become softer then."

"Feed him with some spicy curries.
And reduce your own worries."

Suddenly a thud sounded in my sleep.
And I felt vertigo down deep.

I startled out of the sleep with a loud sound.
From beneath my bed running away was a
crying hound.

|| Until You Win||

Persevere.
And the wheel will spin.

If it's out against you.
Soon it will be in.

It takes time to get thicker.
Your fate is not thin.

It's not "Game Over".
Until you win.

|| Leaf Love ||

Ardently I've fallen here.
My fate is not thinned.

Don't pick me up, O dear.
I'm waiting for my wind.

I was all healthy Green.
Nurtured by my tree.

Albeit I'm withered now.
And the tree set me free.

The wind never left my side.
It cajoles me till eternity.

"It spreads love everywhere."
Says my whole fraternity.

Let my love fly me anywhere.
No questions asked.

Togetherness is the utmost pleasure.
In the bliss we've basked.

Who cares about the destiny?
My future is Now.

I'll be reborn again as a leaf.
To my wind again I'll bow.

|| Where silence lives ||

Amid
the chorus
Of the city,
Humanity
Doesn't greet.
Birds don't
Practice singing now.
The trees here
Are of concrete.

Out
in the dense noise
Lives silence.

|| The game of God in the name of God ||

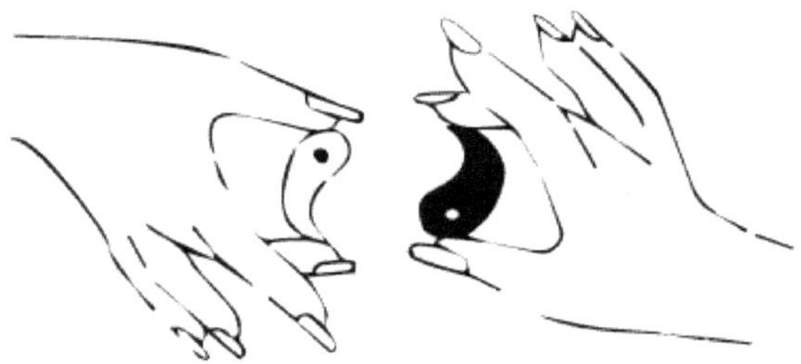

God does play games,
And his favorite one is Chess.

He plays from both the sides,
And always creates a mess.

Why he checkmates himself,
God only knows.

He wins when he loses,

And he enjoys the blows.

He plays with blacks & whites,
He's not a racist.

But he politically plays with everyone,
He definitely is a fascist.

I wonder why he keeps playing,
Is there no other creative work left?

Has he also got a mobile?
Has he also installed Grand Theft?

Although he's omnipresent,
Certain things he is unaware of.

Artificial intelligence is getting ready,
For his position to Square off.

Can someone make Him aware,
Of the looming danger?

The pace is getting faster everyday,
AI is no longer a stranger.

God will repent,
When His mistake he'll find.

That he fitted Brains,
In the dumb heads of mankind.

I hope He realizes soon,
And takes the reins in His hand.

Else, there will be another God,
And our God will remain in La-La Land.

|| Mirroring Mind ||

Drinking
The nectar
Off the ether
Between
The two pairs
Of the gazing eyes
One mine
The other
The MIRROR

|| One scoop memory ||

Scoop by scoop
I keep collecting the moments.
Savour to my appetite.
Never having enough;
The taste lingers longer.

Rest I store
In a jar on the shelf.
Time & time again,
I keep tasting the delicacy,
Scoop by scoop.

|| I am Missing ||

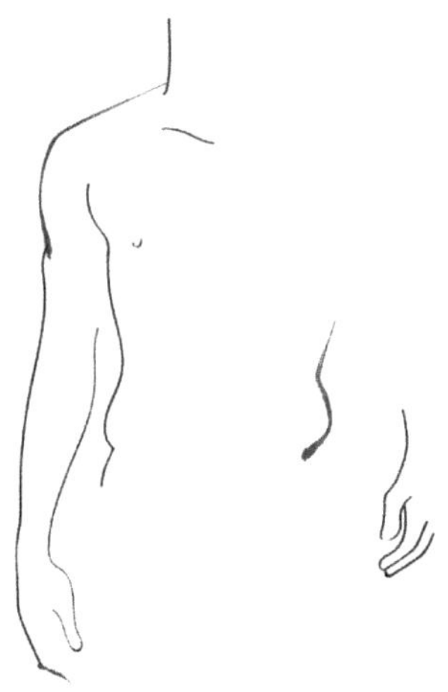

Remind me,
If you find me.
I haven't met myself,
Since eternity.

|| "Now" is "How" ||

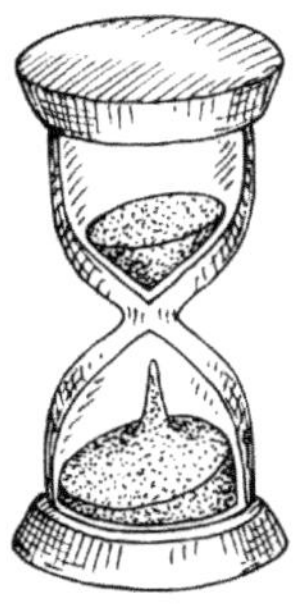

Exciting is the pre-falling in Bungee Jumping.
You love the thuds when the heartbeat is
pumping.

Jumbling through a book, interesting as it is.
Tumbling through the titles in the library is more
than this.

More adorable is the journey to reach the
destination.
To relish the sun and shades, reliefs and
dissatisfaction.

Neither repent the past, nor wonder about the
future, 'how it would be?'
Live fully in the present. 'Now' is 'How' it should
be.

|| Mental case ||

I cast shadow of the sun
and then hold it.
Cut it into shape of the star
and then fold it.

Paste it round onto the sky
and then paint it white.
That's the beautiful Moon we see
during the night.

People laugh at
my crafts-skills unusual.
But those who know me well,
accompany me till the Mental Hospital.

Try to cook some rhymes
Try to bake a tense
Let it become a poetry
Lest it be nonsense

|| Irony of Life ||

Landed on a tree
Nearby me

Was a beautiful bird
Its species unheard

Colored black and yellow
Its wings waving me "Hello"

For my response it waited
For a few moments it rested

My eagerness it tested
But felt efforts wasted

Suddenly it flew away
Calling it a day

Now I'm waiting
For it to come back

But gone is gone
Life is like that

|| Life is Exciting ||

The softness of Morning dew.

The colors of flowers few.

The mango tree, the flowing river,

The winter's cold giving a sweet shiver.

The songs of the chirping birds,

These are all lovely words.

The mere words I chose for writing.

Suddenly they've made life more exciting.

|| Masterpiece ||

Pastels,
Petals,
Pixels.
Little by little.
Turn into a masterpiece.
Trickles of nectar.
Little by little.
Turn into a beehive by the bees.

|| Unfathomable Delight ||

A floating feather
Swaying left & right.
Landed on my hand
Halting its flight.
Kissing my palm
With unfathomable delight.

Armies of my feelings invade me.
I wasn't the person
that my poems made me.

|| You are a Phoenix ||

Do not get deterred my friend
With whatever life lashes.
You are that Phoenix bird
Who rises from ashes.

|| Dry Rains ||

This world
has never seen
dry rains.

Hence,
put aside understanding
my pains.

|| Oblivion ||

If you are
In your senses.
Then tell me
A few sentences.
I'm clueless
About tenses.
Although it looks
Like my pretences.

|| High Ambitions ||

Console
My ambitions.
For they must be tired
Flying tall
All the time.
Offer them water.
With some sugar
And some salt
And some lime.

|| I've Drunk Life ||

Expect not
Worldly formalities from me
My head is left on the pillow
Dreams above and eyes below
I've drunk life.

|| Anonimesh ||

So said Shakespeare,
"What's in a name?"
So into existence
My Twitter handle came—
"Anonimesh"

|| Playing My Part ||

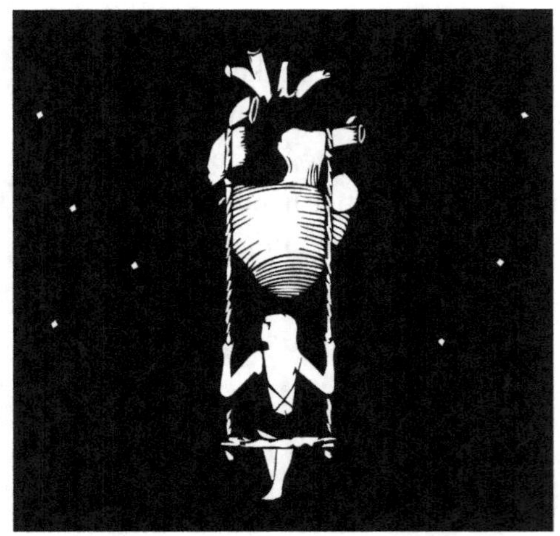

The moon is growing
In my heart.
I'm patiently waiting
Playing my part.

|| I'm Flying ||

I agree my lord
We're not
Supposed to fly,
But these
Gusting winds today
Don't let us deny.

|| Mumbai ||

Some homes are door-less
Some dustbins have locks
With colorful contrasts
A city rocks.

|| Falling High ||

The shooting star
Moving across
The depth of stars
Spreading the message
To live in the moment.

The shooting star
Still remains
In the sky.
Falling should
Make us
Equally high.

|| I'll Take Care ||

Poets are plenty
Readers are rare
I mustn't lose any
I must take care

|| Publish Me ||

Print & publish me.
Read & unleash me.
Recite & sing me.
Murmur mimicking me.
I'm a poetry.

|| A Tight Slap ||

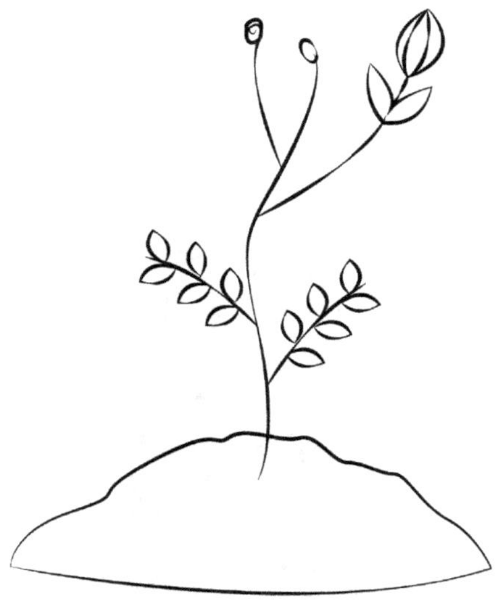

Had god fitted
Reflexes in trees.
Global warming
Wouldn't have increased.
A tight slap
By the trees.
Before cutting them
Men would freeze.

|| History Teachings ||

Get criticized for your creation first
If yet you are not.
A Genius is always admired later
History has taught.

|| A Few Haiku ||

Cascading down
Splashing splendor
Dusk kisses earth.

Half-adrift
Perched on timetree
This moment

Tall trees
Painting dark skies
Diamonds shine through.

Melting wax
Amazonious heartburns
Her tears.

Spent years
In a long night
Fetching memories.

Explanation hard.
Price we pay
Neither cash, nor card.

Can't laugh nor cry
Can't tell nor lie
Juxtaposition of life.

Fate doesn't swell
life can't tell
Answers to questions.

Be a knight
Declare war
Kill insomnia.

Fluctuations in network
Life swings
Online and offline.

Ice cream
Melting life delicious
Enjoy slowly.

Age long silence
Yearning to hear
Coo of Cuckoo.

Poetry
If you can't write
Be one.

Offer them flowers
My sighs
Are butterflies.

Every sound
feels like music
Meditation is Musician.

Enveloping the delicacy
Lulling me into trance
Mansuetude of the wind.

God made humans
Humans made God
It's mutual.

Early-risers
Have a problem
Un-noticeability.

Never slept
The sun since birth
Showing Empathy.

Sieving the salt
From sugar; like fault
From bittersweet life.

Pretending thankfulness
Lamenting soul unworthy
My Fake smiles.

Taking heart shape
Carpet stained
Coffee has feelings.

Cortex in vortex
Flurry of inspiration
Poems churn out.

Think not
So compulsively
Life isn't chess.

In mind
Shouting out loudly
Those silent lips.

Peace is nice
But remember
Chaos is life

|| Hindi Poems ||

|| ख़ुश रहो ||

पहली बार जब साईकल सीख रहे थे धीरे-धीरे।

सुपरमेन की तरह थे उछले,
और सेन्सेक्स की तरह थे गिरे।

घुटने दोनों और कुहनी भी छिल गई थी।
पर जाने एक अजीब सी ख़ुशी मिल गई थी।

सीखा ये कि करतब नये सीखते रहो,
गिरो, उठो, उछलो और फिर चलो।

गिरना उठना चलता रहेगा,
ख़ुश होना मत भूलो।

|| रस्ता कहाँ पे जाता है ||

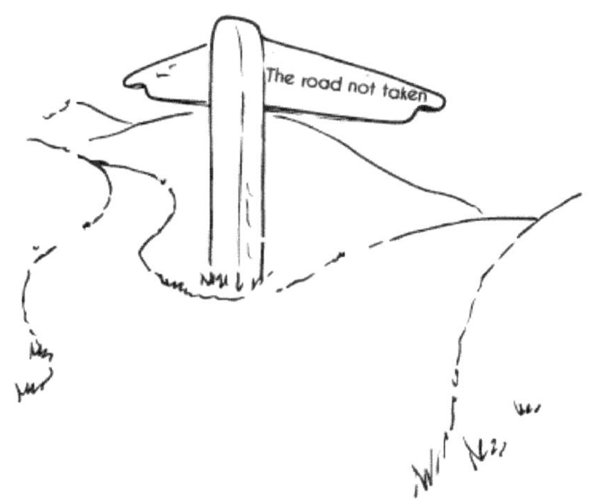

पास इसके दूर तक, ना छत है ना छाता है।
पता नहीं इस बारिश में, ये रस्ता कहाँ पे जाता है।

बदलते मौसमों के साथ कभी, ये बदल नहीं पाता है।
पता नहीं किस ख़्वाहिश में, ये रस्ता यहाँ से जाता है।

लोगों को पहुँचाता है मंज़िलों तक, पर ख़ुद चल नहीं
पाता है।
पता नहीं बिना चले ही, ये रस्ता कहाँ पे जाता है।

मंज़िलें इसके किनारों पर, मगर ये रुक नहीं पाता है।
पता नहीं मंज़िलों से भी आगे, ये रस्ता कहाँ पे जाता
है।

|| एक प्लेट ज़िंदगी ||

ख़ुशियों से भरी मलाई मार के
और डुबा के चाशनी में प्यार के
दिल के रसोईघर में जो महकती है
क्या एक प्लेट ज़िंदगी मिल सकती है?

ज़माने के सारे रंग डाल के
थोड़ी ठंडी और थोड़ी उबाल के
पतीले के बाहर जो थोड़ी छलकती है
क्या एक प्लेट ज़िंदगी मिल सकती है?

ख़ुशबू जिसकी पहली बारिश की मिट्टी सी हो
लज़्ज़त जिसकी चटपटी नींबूदार खट्टी सी हो
हल्की-हल्की मक्खन पे जो सरकती है
क्या एक प्लेट ज़िंदगी मिल सकती है?

ज़िंदगी भर खाते रहें पर दिल ना भरे
ख़ुदा भी इस ज़िंदगी की तमन्ना करे
रेसिपी समझने को जिसकी तरला दलाल भी तरसती
है
क्या एक प्लेट ज़िंदगी मिल सकती है?

|| कभी दिल जलता है तो ||

कभी दिल जलता है तो उस पर हम हाथ सेंक लेते है।
अब बुझने पर क्या होता है
चलो ये तमाशा भी देख लेते हैं।

कागज़ की नाव में हम सारे सपने समेट लेते हैं।
अब डूबने पर क्या होता है
चलो ये तमाशा भी देख लेते हैं।

ख़ुदा को पाने की ख़्वाहिश हम पतंगों में लपेट लेते हैं।
अब कटने पर क्या होता है
चलो ये तमाशा भी देख लेते हैं।

तमाशे देखकर ही हम भर अपना पेट लेते हैं।
अब भूख लगने पर क्या होता है
चलो ये तमाशा भी देख लेते हैं।

|| सूरज की जलन ||

धरती बोली सूरज से,
"क्यों सुबह-सुबह आ जाते हो?
क्यों दिनभर टकटकी लगाते हो?
मिलने तो आते नहीं,
और दूर से ही गरमी खाते हो?"

सूरज ने कहा,
"गरमी खाना एक बहाना है, प्रिये,
प्यार छुपाने कि ये कला है।
तुम नहीं जानो तुम्हारी ख़ातिर,
सूरज असल में कितना जला है।"

|| कर्म अपना ||

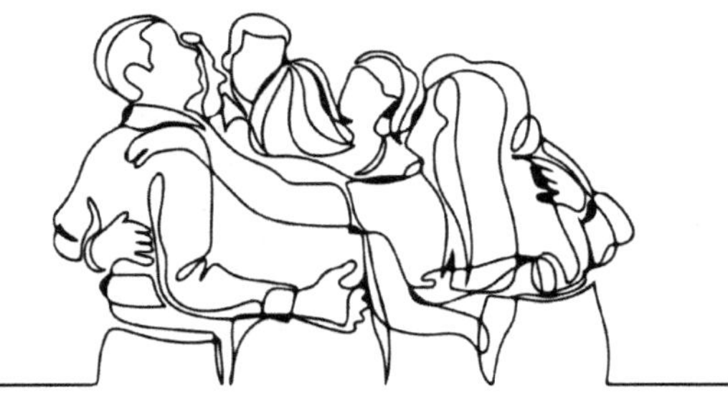

जैसे साधु मन से
और पुजारी मंदिर के आँगन से
मैल साफ़ करते हैं,
वैसे ही हम साफ़ करेंगे
मन अपना, देश अपना।

नहाने में कोई शर्म नहीं
सफ़ाई से बड़ा कोई कर्म नहीं
तंदुरुस्ती सबका हक़ है,
वैसे ही दुरुस्त रखेंगे
तन अपना, देश अपना।

जैसे सहे नहीं जाते घर में जाले
वैसे ही स्वच्छ रखेंगे नदी-नाले
प्रतिज्ञा लेते हैं आज से,
हमेशा स्वच्छ रखेंगे
घर अपना, देश अपना।

गंदगी बुराई हर कोने से निकाल देंगे
"स्वच्छ भारत" से दुनिया को मिसाल देंगे
आज से प्यार फ़ैलाएँगे,
सच्चे भारतवासी कहलाएँगे
वतन अपना, देश अपना।

जय हिंद॥

|| कहीं पे अपना नाम तो आए ||

लिख-लिखकर बन जाते हम भी शेक्सपिअर,
मगर कितनी कहानियाँ हमने सपनों में ही फाड़ दी।

लिपटी हुई थी कुछ आँखों के पर्दों में,
वो सुबह-सुबह हमने पलकों से झाड़ दी।

रही-सही थी जो दिमाग़ के कोने में,
वो हमने दफ़्तर के टेबल पे पछाड़ दी।

कसर कुछ बाक़ी थी जो मैनेजर ने आ के,
काम की फाईलों के नीचे गाड़ दी।

हसरत ही रही कि भले सारी दुनिया के नहीं,
पर ज़िंदगी किसी के काम तो आए।

मिट जाए भले किसी रेत पर लिखकर,
पर कहीं पे अपना नाम तो आए।

|| क़िस्मत क्या रिश्वत लेगी? ||

शनि को थोड़ा घिस के,
और मंगल को थोड़ा पीस के,
सूरज को थोड़ा ढक के,
और चाँद को गैस पे रख के,
ऐसी कुंडली बनाओ पंडितजी,
कि कमाल हो जाए।

राहू को रिश्वत दिला के,
और केतु को ठंडा पिला के,

बाकियों को चाय-पानी दे के,
और अपनी दक्षिणा ले के,
सितारे कुछ ऐसे बिठाओ
कि कमाल हो जाए।

|| चलते चलो ||

छोड़ आया किसी मोड़ पे
खुद को ही राही
क्या हो गया राह में
रहगुज़र जाने ना।

फूल भी चुने और कांटे भी
खुशियाँ सब में बांटी भी
खुद बिखर के रह गया
इधर-उधर जाने ना।

फिर चुनने चला टुकड़े अपने ही
जोड़ के कागज़ पे नए सपने भी
मिलेंगे सारे या नहीं
यह फ़िकर जाने ना।

|| घमंड चकनाचूर ||

घोंसला बनाया था ताज़ा-ताज़ा
अभी-अभी चने के झाड़ पे,
कि म्युनिसिपालिटी वाले आ गए
मेरे घमंड का झंडा उखाड़ के।

जब टैक्स लगाया घोंसले पर भारी
स्क्वैर इंच के हिसाब से,
तो हम भी फ़ौरन समेटकर सब कुछ
आ गए अपनी औक़ात पे।

नन्हें पौधे पर आ गए पेड़ से उतर के,
पर पौधा भी ले गया सारी जेब कुतर के।

असल ने ना मारा, ब्याज मार गया,
सोने के दाम ने नहीं, तो प्याज़ मार गया।

|| कोरोना वायरस की शान में ||

ढूँढ लाओ कोरोना के माँ-बाप को चीन से
जो मुँह छिपाते फिर रहे हैं न जाने कई दिन से

चीनीयों की तरह इकलौता ही तो पैदा किया
फिर उसे अकेले ही दुनिया में क्यों भेज दिया?

पढ़ा-लिखा के अच्छा वाइरस बनाते
तो दूध से दही जमाने के काम में आते

गधे ने मौत की अंतरराष्ट्रीय दुकान खोल ली
बेवजह ही आदम-ज़ात से दुश्मनी मोल ली

अब छोटी सी उमर में ही मारा जाएगा
नंगा ही तो आया था क्या घंटा लेकर जाएगा?

|| कुछ शायरी हो जाए ||

१. ख़ुदा बाँट रहे थे ख़ुशियाँ
दोनों हाथों से भरे बाज़ार में।
हम लिए खड़े थे राशन
दोनों हाथों में भरे बाज़ार में।

२. तेरी अच्छाइयाँ तुझे ख़ुद पता नहीं नाचीज़,
बारिश में भीगने का मज़ा ख़ुद बादल ही ना जाने।

३. क़ब्र छोड़ के यूँ मत घूमा करो ग़ालिब
इस महँगाई के ज़माने में।
जगह चुरा लेगा कोई
कुँडी लगाया करो तहख़ाने में।

४. खेल भी निराले हैं ख़ुदा के,
लकीरें हाथ में दी है, मगर क़िस्मत नहीं।
इंसान इतनी ही तरक़्क़ी कर पाया,
घड़ी हाथ में है, मगर वक़्त नहीं।

५. गुरूर भी मेरा उसकी मर्ज़ी से है शायद।
सुना है कि पत्ता भी नहीं हिलता उसकी मर्ज़ी के बिना।

६. बदला नहीं कुछ यहाँ फिर भी सब बदल गया।
आने वाले कल की फ़िक्र में गुज़रा हुआ पल गया।
आएगा नहीं लौटकर ये पता चल गया।
फिर भी उस पलके लिए मन थोड़ा मचल गया।

७. थोड़ी सी बाक़ी जो रह गई थी प्याले में।
नज़र आई वो सिर्फ़ दिन के उजाले में।
असर इसी दवा का कर सकता था काम।
पर पीने से पहले ही फिर बुझ गई शाम।
सवाल उसकी असर का नहीं, ना ही वो कमज़ोर है।
ख़ुशी ये है कि अपने मर्ज़ की, बात ही कुछ और है।

८. देखा नहीं मगर सुना है,
कि सबर का फल मीठा बड़ा होता है।
देर से सही मगर ये समझे हैं,
कि पौधा खींचने पर नहीं, सींचने पर ख़ड़ा होता है।

९. बदलते-बदलते बदल जाती है क़िस्मत,
बेवजह लकीरों को यूँ ही घिस मत।

१०. सोच किसी मोड़ पर आकर रुकी-रुकी सी है,
आगे चल पाए भी, तो क्या?
मतलब की बात है, फिर भी बेतुकी सी है,
लोग समझ पाए भी, तो क्या?

११. परछाई जहाँ चल के थक जाए,
वहीं से हम ने आगे चलना सीखा है।
हासिल चाहे कुछ हो ना हो,
कदमों में ही मंज़िल सा कुछ दिखा है।

१२. सोचा था रह लेंगे दुनिया के किसी कोने में,
मगर दुनिया कम्बख़्त गोल निकली।

१३. सन २०५० की ये कहानी है।
गाड़ियाँ पानी से भी चल पानी है।
फिर भी लोगों को पाँच बूंद पेट्रोल चाहिए।
कि चलानी नहीं, जलानी है।
अब पेट्रोल से महँगा पानी है।

१४. क्यों अपने आप बदलता रहता है?
काश, मौसम की भी एक दुकान होती।
अपनी मर्ज़ी के मौसम ले आते हम।
और दुनिया अंधेरों से अनजान होती।

१५. वक़्त आज कल गुज़रता नहीं,
मगर फिर भी बीत जाता है।
हरा नहीं पाता हौंसलों को मेरे,
मगर फिर भी जीत जाता है।

१६. छत पर रंगे हैं सपने मुठ्ठीभर,
पर उड़ने के लिए अरमानों को, थोड़ा सा आसमाँ
चाहिए।

१७. बिखरते हुए हर पल को जोड़ आते,
अगर सुइयाँ घड़ी की धागों से सी पाती।
पर ज़रूरत ना होती धागों की,
अगर दुनिया हर पल में जी पाती।

१८. बस अलग-अलग नाम दे रखे हैं सरहदों को
"बेवकूफ़",
आओ एक ही शहर बना दें पूरी दुनिया को एक नई
सोच से।

१९. अपने अल्फ़ाज़ इतने सस्ते नहीं,
समझते-समझते एक उम्र लग जाएगी।

समझे तो हम भी नहीं अब तक,
समझ ही जाएँगे जब क़ब्र लग जाएगी।

२०. कभी-कभी ना करो कोशिश कोशिश करने की भी।
लुत्फ़ कुछ और ही होता है अपने आप कुछ हो जाने
का।

२१. कुछ लापता सा है अपना पता
मिल भी जाएँगे तो खोये-खोये से।
नशे में होंगे पर शराब के नहीं
ख़यालों से निकलेंगे धोये-धोये से।

२२. मुमकिन हो अगर बुनना आँखों का वो जाल, तो
बताना दोस्तों।
उड़ती हुई नींद को फँसाने की ख़्वाहिश है।

२३. हँस ही देता मैं अपनी परेशानी पे ख़ुदा।

पर रुला गया वो मुझे, जो मेरी हालत पे रो दिया।

२४.रह-रह के एक शायरी टपक रही है, नाचीज़।
अर्ज़ करना तो बनता है।
"वाह-वाह" तो कर ही लेंगे जो ख़ास हैं।
बाक़ी बचेगी जो आम जनता है।

२५. कितने सरदर्द पाले हैं तेरी नई दुनिया में आ कर
ख़ुदा।
वक़्त तो वो ही अच्छा था, जब आदमी बंदर हुआ
करता था।

२६. आईना भी साथ लेकर चलूँ, फिर भी नहीं मिलता।
चेहरा मेरा कुछ ईस तरह लापता है दुनिया की भीड़
में।

२७. कुछ ग़ैर-ज़िम्मेदार कभी ख़ुदा भी हो जाते हैं।

हम नल ख़ुले छोड़ जाते हैं, और वो बादल।

२८. तख़ल्लुस की तलाश में तकल्लुफ़ बड़ा है,
नाचीज़।
काम बड़े कर लो, पर नाम नहीं मिलता।

२९. उगा नहीं वो, जो डाला था बोने के लिए,
मिला वो, जो पाया था खोने के लिए।
एक काँधा माँगा था सर रख के रोने के लिए,
तो मिले चार, मेरा जनाज़ा ढोने के लिए।

३०. कुछ ग़म है, जो कम नहीं
कुछ कम है, तो ग़म नहीं।
हम वो है, जो हम नहीं,
हम जो है, वो हम नहीं।

३१. कुछ ज़िंदगियाँ ज़िंदगी नहीं रहती,

सिर्फ कहानी बन के रह जाती है।
जीने के नहीं तो ना सही,
पर सुनाने के ही काम आती है।
३२. धूप से बचने का जो सहारा लिया,
वो छाँव भी बड़ी गरम थी
खुली हवा में फिर चलना शुरू किया,
तो बारिश भी बड़ी बेशरम थी।

रोशनी में जिसकी चमकना चाहते थे,
उस दिन का भी दिन भर गया।
और शाम अभी गुज़री भी नहीं थी,
कि रात का ख़याल बेचैन कर गया।

३३. जब आँखें बंद होंगी,
तब हम हँस रहे होंगे।
कहते हैं लोग कि जब हम हँसते हैं,
तब बंद हो जाती हैं आँखें हमारी।

३४. गुस्सा तेरा गरम चाय सा

और गालियाँ पकौड़ों सी लगती है।
कमाल की सर्दी है आज तो,
बता तेरी दुकान किधर लगती है?

३५. चल ही जाती दुनिया तेरी बेवक़ूफ़ों से, ख़ुदा।
तबाह तो वो ही करेंगे उसे, जो हद से ज़्यादा सोच पाते
हैं।

३६. तजुर्बो से सीखना चलता रहेगा, यारों।
कभी एहसासों को भी मौक़ा दिया करो।

३७. रावण भी पूजे जाते हैं आजकल राम के नाम पे।
गुठलियाँ भी बिक जाती हैं आम के दाम पे।
ईमानदारी लेने गई है तेल बनिए की दुकान पे।
बेईमान मौज कर रहे हैं ईमानदारों के काम पे।

३८. गुलाब की गलियों से ना गुज़रना, नाचीज़,

फूल भी कभी काँटों से ज़्यादा चुभ लिया करते हैं।

३९. मीठे-मीठे लम्हें जेबों में भर के रख लिया करते
हैं।
जब जी चाहे बाहर निकाल के चख लिया करते हैं।

४०. यक़ीन तो कर लूँ किताबों पर मेरे दोस्त,
बर्फ़ से फिर क्यूँ निकल रहा धुँआ होता है?

४१. लिखता हूँ डाली-डाली पत्ते-पत्ते पर।
जानता हूँ कि मेरे एहसासों की नुमाईश है।
ज़र्रा-ज़र्रा पहचाने मुझे मेरे बाद भी।
हर दिल में बस जाने की ख़्वाहिश है।

४२. मौसम भी शरीक़ है किसी के ग़म में शायद,
आसमाँ भी बादलों को निचोड़ के बहोत रोया है।

या ऊपरवाली म्युनिसिपालिटी का पाईप फटा है शायद,
या ऊपरवाले ने फ़र्श धोया है।

४३. दिन में आज भी सिर्फ़ चौबीस ही घंटे है, "नाचीज़",
हमने तो सुना था कि ज़माना तेज़ हो गया है।

४४. किनारे पर भी एक मौज भिगोकर गई, नाचीज़।
सलामत सी जगह गुमशुदा है।

४५. हर चीज़ का शोर खलता था मुझे।
एक तबीब के नुस्खे से काम चल गया।
कहा था उसने कि उस चीज़ को ही बंद कर दो।
एक दिन मेरी साँसों का शोर खल गया।

४६. मिले जो ज़िंदगी में सारे, आईना दिखा के गए।
ज़िंदगी जीने का अच्छा मायना सिखा के गए।

४७. वक्त बदलने का इंतज़ार ही वक्त बदलने का
ज़रिया है।
घड़ियों में वक्त बदलने से, वक्त कहाँ बदल पाता है?

४८. ज़रुरत बड़ी आ पड़ी है छाँव की मेहर की।
शहर में कड़ी आ पड़ी है क़हर दोपहर की।

४९. नशा दोनों का ही एक-सा चढ़ता है।
तुम्हें शराब का, हमें किताब का।

५०. आ रही है नींद, मगर मैं सोना नहीं चाहता।
खुली आँखों के ख़्वाब मैं खोना नहीं चाहता।

५१. दिमाग़ ये सोचता है कि
"दिमाग़ ये सोचता है।"
मगर बेचारा क्या जाने
असल ज़िम्मेदार है कौन?

५२. वो रोशनी ले आओ जो ज़हन में उजाला कर दे।
मैं उन अँधेरों की बात करता हूँ जो रातों में नहीं।

५३. एक शहर पैरों में भी होता है।
अपनापन ग़ैरों में भी होता है।
रोशनी अपनी साथ लिए चला चल।
उजाला अँधेरों में भी होता है।

५४. रूह में जो उतर जाए वो नज़ारे भी चाहिए।
महज़ महलों की शान नहीं, रंगीन गुब्बारे भी चाहिए।

५५. ज़िंदगी की गाड़ी के चार पहिये।
जद्दोजेहद में ऐसे घिसे कि क्या कहिए।
न रूकते बनी न चलते।
तो घिसने का ही मज़ा लेते रहिए।

५६. रो रहा था वो किसान ख़ुशी के मारे।
कि मरम्मत करवा देंगे छत के छेदों के सारे।
आँखें टपक रही थी जिसकी छत के साथ।
खेतों पे बरसी थी उसी बारिश की सौग़ात।

५७. जी रहे थे जी भरके एक-तरफ़ा इश्क़ समझकर।
जान ले गया तेरा मुड़ के यूँ देखना दोबारा।

५८. इत्र में लपेटना मेरी लाश को।
जान न पाए कोई महक मेरे किरदार की।

५९. हम जो चाँद पर उतरे
तो दुनिया में मशहूर हो गए।
और एक चाँद जो हम में अरसे से उतरा है
किसी को भनक तक नहीं।

६०. झुके हम इतना
कि देखने वाले ख़ुद को ख़ुदा समझ बैठे।
समझे नहीं वो
कि हम झुके हैं ख़ुद ही के सदके में।

६१. कोशिशों में दुनिया को हँसाने की हम ने,
बना कर रखा है मज़ाक़ ज़िंदगी का।

६२. नाम हमने बदलकर अपना "अच्छे" रख लिया।
अब जो भी होता है, "अच्छे" के लिए होता है।

६३. मजनू अभी मरा नहीं,
लैला का आना बाक़ी है।
इश्क़ की चरबी उतरी नहीं,
पत्थर ख़ाना बाक़ी है।

६४. हम दीवारों से भी बातें कर लेते हैं।
सुना है दीवारों के भी कान होते हैं।
पर उनसे क्या कहिए?
जो सुनकर भी अनजान होते हैं।

६५. दोनों की ही डोर
किसी और के हाथ में होती है।
क्या पतंग, क्या ज़िंदगी

६६. बस कहानियों में रह गया आजकल।
"भरोसा" भी लुप्त होती हुई प्रजाति है।

६७. कौन कहता है कि बचपन
गुज़र जाता है उम्र के साथ?
हम आज भी दौड़ जाते हैं छत पे
उड़ते जहाज़ों को अलविदा करने के लिए।

६८. ख़ुश रहने को चलो ये भी किया जाए।
ग़म में रोने का भी मज़ा लिया जाए।

६९. छुपाए से भी छुपती नहीं शख़्सियत मेरी।
नक़ाब भी मेरा काँच का निकला।

७०. खोया है मोर-पंख, कान्हा।
तुम हो भी तो हम पहचानेंगे कैसे?
कहते थे तुम कि आओगे हर युग में।
नहीं तो सारे कंस मारे जाएँगे कैसे?

७१. मौजें आ कर बिखेर जाती है बारी-बारी।
पर रेत के महल बनाना हम ने रखा है जारी।

७२. पूछे अगर कोई
कि "रहते कहाँ हो आजकल?"
तो कहते हैं हम,
"अपनी औक़ात में।"

७३. शहरों के शोर में
इंसानियत आवाज़ नहीं करती।
पेड़ों की जगह मकानों ने ली है।
अब यहाँ कोयलें रियाज़ नहीं करती।

७४. बचपन बीत जाता नहीं
उम्र में बड़े होने से।
मैं ढूँढ ही लाता हूँ कंचे
यादों के कोने-कोने से।

७५. साबुन घिस जाए पर रंग नहीं जाए।
ऐसा रंग डालो जो नज़र नहीं आए।

७६. सफ़र ही मंज़िल है और तजुर्बा ही हासिल
किस कस्तूरी की चाह में मगर ये दिल मसरूफ़ है?

७७. सोचा भी नहीं होगा उसने कि लोग जीना छोड़ देंगे
ईजाद जिसने किया पैसों के चलन का।

७८. वो जो सबकुछ जानता है
वो सबकुछ नहीं जानता।

www.ingramcontent.com/pod-product-compliance
Lightning Source LLC
LaVergne TN
LVHW020347200726

843507LV00012B/2533